Isabella Lauer

Kitty Christmas

24 heiter-besinnliche Adventsgeschichten für Katzenfreunde

Ein Herz für Tiere

Inhalt

Liebe Katzenfreunde!

Katzen leben nach ihren eigenen Regeln. Dass sie tun, was sie wollen, macht sie ja gerade so besonders. Selbst wenn uns etwas an ihnen nicht passt, streift uns nicht einmal der Gedanke an Erziehungsmaßnahmen. Stattdessen bewundern wir unsere Katzen für ihre Intelligenz, ihren Charme, ihre Sturheit und Unbeirrbarkeit.
Inspiriert von den Eigenheiten der Katzen, die im Lauf der Zeit zu unserer Familie gehörten, entstanden die Geschichten in diesem Buch: Lili, ein im Wald gefundenes Katzenkind, eine Gelegenheitskratzbürste, gestorben mit 15 vor vier Jahren. Sie lebte mit Kater Mini, dem Hasenfuß, zusammen. Mini ist heute 15 Jahre, wohnt aber seit Jahren bei der Nachbarin. Denn als unsere Hündin neun Welpen bekam, wurde es ihm zu trubelig bei uns. Vor Mini hatten wir Fauzi, den struppigsten Kater aller Zeiten. Der kam nach vier Monaten Streunen zerzaust zurück und schob sich wie ein Katzen-Kriegsveteran humpelnd über die Schwelle, plumpste auf das Sofa und verlernte so allmählich das Laufen. Er lebte dann noch über zehn Jahre. Und nun gehört das Tierheim-Pärchen Salem und Fussel zu unserer Familie, er Wasserplanscher, sie Mäuseschreck.
Ihnen allen sei gedankt für die Inspirationen, die meinen Alltag bereichern und Ihnen hier, eingebettet in so viele wunderbare Fotos, den Advent hell und heiter machen sollen.

Viel Freude damit!
Ihre Isabella Lauer

Der Adventskranz

Deko mit Hindernissen

Wenn ich die Lichterketten Ende Januar in den Speicher trage, sind sie aufgerollt und schön ordentlich verpackt. Ende November, wenn ich sie wieder herunterhole, sind sie immer noch so. Fünf Minuten später ist klar: Das war alles für die Katz. Mit einer solchen Begeisterung stürzt sich Salem auf die Lichterketten, dass ich mir denke: „Ah ja, elektrisches Spielzeug setzt sich jetzt wohl auch bei Katzen durch."

So ähnlich dachte ich schon, als der Kater bereits das zweite Handyladekabel durchgebissen hatte. Kabelsalat als geschmackliche Alternative zum morgendlichen Schlabberbeutel. Diesmal mit Lichterglanz. Da stand ich nun, vor mir die erste Adventszeit mit dem jungen Kater und eine Lichterkette in der Hand, die schneller runtergefischt war, als ich sie aufhängen konnte. Egal von wo. Es gab nur eine Stelle, die der Kleine nicht erreichen konnte. Oben an der Decke, an der Wand entlang, also genau da, wo kein Mensch was aufhängt und deshalb auch nichts zum Befestigen vorfindet, etwa irgendwelche Haken vom Vorjahr. Die waren alle nicht katzensicher. Deshalb ging ich mit Hammer und neuen Haken ans Werk und versuchte die Kette ganz oben an die Wand unter die Zimmerdecke zu nageln. Den Kater im Adventsrausch hätte ich am liebsten auch irgendwo festgetackert, weil er den runterhängenden Teil der Kette immer wieder erwischte und abriss. Dabei wurde die Lichterkette immer lichter, und bevor gar kein Birnchen mehr ganz sein würde, habe ich den Kater vor die Tür gesetzt.

Mit dem Ersten, der das Zimmer betrat, kam Salem wieder hereingewieselt und blieb sichtlich enttäuscht stehen, denn irgend so ein Ignorant hatte doch tatsächlich das ganze Spielzeug unerreichbar unter die Decke montiert. Da fiel sein Blick auf den Adventskranz. In Katzenhöhe stand ein wunderbares Geschenk auf dem Couchtisch – Zweige, Schleifen, Tannenzäpfchen, Miniäpfel, Nüsschen ... das musste ein Katzenspielpaket de luxe sein, extra für ihn! Und so blieben dann die Kerzen, die auch noch auf dem Kranz waren, bis Weihnachten jungfräulich weiß und verschwanden nach dem Fest mit all dem anderen Weihnachtsspielzeug auf dem Dachboden.

Nicht alle Engel
haben Flügel,
manche haben
Schnurrhaare.

Die Nachbarin

Was macht sie nur so attraktiv?

Als ich das erste Mal unsere beiden Katzen Lili und Mini ein paar Tage von der Nachbarin betreuen ließ, kannten mich die beiden bei meiner Rückkehr nicht mehr. Sie saßen „drüben" vor der Haustür und ihr Gesicht verriet eindeutig: „Guck mal, unser früheres Frauchen ist wieder da!"

Hochnäsig und gelangweilt lungerten sie im Vorgarten herum, und ich stand in der Auffahrt voller Peinlichkeit und dachte mir, wie es wohl möglich war, dass diese Biester so schnell die Fronten wechseln konnten. Keine Chance, sie nach Hause zu locken. Also habe ich die beiden unter die Arme geklemmt, Lili links, Mini rechts, und bin mit ihnen heimgegangen. Auf der Straße dachte ich noch: Hoffentlich sieht mich keiner, so mit dem Katzenvolk unterm Arm. Gleichzeitig kam es mir merkwürdig vor, dass sich das Duo diese Behandlung gefallen ließ. Es ist immerhin ein Unterschied, ob man EINE Katze mit zwei Armen nach Hause trägt oder ob man gleichzeitig zwei Katzen unter jeweils einem Arm klemmen hat. Das sieht nicht so hübsch aus.

Ich habe den beiden Lieblingen freundlich erklärt, wo sie zu Hause sind, und die Nachbarin hat es - durch vorübergehenden Futterentzug - entgegenkommenderweise auch getan. Bald aber kam drüben die Schale Milch wieder - und damit verschwand erneut mein Katzenvolk, eskortiert vom Hund.

Dass meine Tiere manchmal zu dritt meine Nachbarin belagerten, muss außer dem Schälchen Milch noch ein paar andere Gründe gehabt haben, über die bei uns Schweigen herrschte. Unbeantwortet blieb die Frage, was die Nachbarin wohl mit den Premiumfutterschälchen machte, die sie neulich im Supermarkt holte. Unsere Tiere wussten das bestimmt. Und für die Antwort ließ sich der Kater dort drüben sogar das Fell striegeln. Und wenn Lili den ganzen Tag nicht zum Fressen kam, dachte ich an die vielen Mäuse, die sie wohl gefangen hatte - „Mäuse" mit Aluschälchen drunter und Petersiliensträußchen obendrauf.

Der einzige Grund, weshalb die beiden Grenzgänger nicht ganz drüben blieben, war die dort fehlende Katzenklappe. Hatte die Nachbarin die Tür zu oder musste sie weg, war's für die beiden nicht so sonderlich attraktiv, auf der Haustreppe herumzulungern. Dann kamen sie zu uns, und ich wusste: „Aha, niemand drüben zu Hause!" Wir hatten einen Katzenindikator für nachbarliche Abwesenheit. Das funktionierte auch andersherum. Gingen die beiden Fremdgänger gar nicht mehr nach Hause, warf die Nachbarin einen Blick zu uns herüber, ob alles in Ordnung war.

Sogar der Hund hatte das Prinzip schon begriffen. Ließen wir ihn seiner Meinung nach zu lang allein, zwängte er sich durch die Klappe nach draußen, schlüpfte durch den Zaun und ging nach drüben. Dort fand ich ihn dann in schönster Dreisamkeit mit Lili und Mini vor, als wären sie alle hier zu Hause. Beinahe hätte ich manchmal zur Nachbarin gesagt: „Dürfte ich mir wohl mal kurz meine Tiere ausleihen?"

Und einmal klingelte ein Handwerker auf der Suche nach der Nachbarin bei uns und fand unsere Tiere ausnahmsweise einmal zu Hause vor (weil drüben ja niemand war). Erstaunt meinte er: „Ach, das sind IHRE Tiere?"

Die Katzenklappe 1

Wenn die Füße schneller sind …

Auf Neuerungen im Haushalt stieß unser neugieriger Kater Mini ganz von selbst. So war das Mini-Hirn schlau genug, um zu merken, dass wir eine neue Katzenklappe hatten. Dass es unter der ersten engeren Begegnung damit gelitten hat, kann gut sein. Ich war nicht sicher, dass ich's überhaupt gemerkt hätte.

Immerhin hatte Mini, als er das erste Mal davorsaß, begriffen, dass man von drinnen sehen konnte, ob jenseits der Tür einer mit gewetzten Krallen vorm Loch saß oder ob die Luft rein war. Darüber war er überglücklich. Und ich kann nur allen raten, die eine solche „Scheuklappenkatze" haben, sich ein durchsichtiges Türchen zu besorgen. Mit „Bahn frei! Jetzt komm ich!" sprang Mini begeistert hin und her, immer schneller und immer treffsicherer, mit dem Kopf voran, bis an die Grenze des Abbremsbaren.

Bis zur Wand gegenüber unserer Katzenklappe waren es knapp zwei Meter, genug Platz, um gemütlich um die Ecke zum Flur zu kommen. Unser Mini hatte damit schon Schwierigkeiten. Denn manchmal schoss er mit Highspeed durch die Klappe herein, als hätte ihn draußen eine Tarantel gestochen. Was ihn wirklich zum befellten Blitz machte, wusste ich nicht, aber solche Spinnen gibt's nicht in unserem Garten, auch wenn gewisse Töchter und Katzen anderer Meinung sein mochten. Kurz vor der Wand kratzte Mini gerade noch die Kurve. Man sah's am ausgelegten Stück „Plastikbremsbelag".

Neulich jedoch war die Klappe einseitig zu. Er konnte raus, aber nicht wieder hinein. Das wusste er jedoch nicht. Den One-Way-Service hatte die alte Schwingtür nämlich noch nicht geboten. Eigentlich sollte die Klappe

keine Katze rauslassen, dafür aber den Weg nach drinnen freigeben. Doch nicht jeder im Haushalt hatte das Prinzip „Vier-Wege-Klappe" schon begriffen, und so war's aus Versehen andersherum. Und von draußen hatte er viel Platz zum Anlauf, aber wenig Zeit zum Bremsen.

Mini sauste also ahnungslos im Raketenturbo nach draußen, drehte unmittelbar danach um und sprintete wieder zurück. Das dumpfe Aufprallgeräusch ließ mich Übles ahnen, doch der Kater lebte noch. Beleidigt saß er da, ihm war ja so übel mitgespielt worden, und deshalb nahm er jetzt auch übel, alles und jedem. Tagelang umging er daraufhin die Katzenklappe, wohl in der festen Überzeugung, dass diese sich selbst verschließen konnte oder zumindest das launischste und unberechenbarste Stück aller Mini-Zeiten war.

Die Futterallianz

Im Verbund mit dem Hund

Was ist das Wichtigste im Leben eines Katers? Na klar, das eine. Wenn er dann aber als Kastrierter neue Prioritäten setzen muss, ist's das andere. Und das besteht aus möglichst leckeren Zutaten, häufigen und reichlichen Portionen - man(n) gönnt sich ja sonst nichts, und wir gönnen ihm noch nicht einmal sonderlich viel davon.

Mini trägt nämlich ein kleines, aber pralles Tönnchen unter dem Rücken mit seitlichen Ausbuchtungen, die beim Gehen nett hin und her pendeln. Von der Idee, dass Katzen schlanke, geschmeidige, elegante Wesen von beeindruckender Eleganz sind oder wenigstens sein können, hält unser Mini nichts. Auch den Gedanken freiwilliger Selbstkontrolle am Napf möchte er nicht verinnerlichen, stattdessen lieber Fleischbröckchen in Gelee, in Soße, als Pampe, Trockenfutter, ein wenig Sahne, kleine Stückchen gepresstes Putenfleisch, am besten in dieser Reihenfolge und am liebsten stündlich.

Meistens zieht er die Verhungernummer ab, eine Strategie, die leider häufig erfolgreich ist, weil das angejammerte Familienmitglied irrtümlich meint, der arme Kater hätte doch tatsächlich noch nichts bekommen. Wie konnte das nur passieren? Wie konnten wir einfach vergessen, den armen Mini zu füttern? Was der mitleidende Mensch noch nicht weiß, ist, dass gerade heute kein Gelee gewünscht wird, sondern Pastete. Und er weiß nichts davon, dass schon der Inhalt einer ganzen Dose „Stückchen in Gelee" im Magen des Hundes verschwunden ist, den die anderen Familienmitglieder ursprünglich in den Katzennapf gefüllt hatten, um Mini vor dem sofortigen Hungertod zu retten.

Wenn Miez und Mops etwas gemeinsam haben, dann dieses Gefühl ewiger Leere im Bauch. Mein Alltagseindruck, dass diese Leere sich bei allen beiden bis in höchste Regionen erstreckt und auch dem Hirn etwas mehr Füllung guttun würde, wird paradoxerweise gerade in der Küche nicht bestätigt. Denn gerade hier wird das Resthirn erstaunlich aktiv. Wie die beiden

Futterallianzler sich aufeinander abstimmen, ist so gekonnt, dass wir es häufig nicht bemerken. Dummerweise bemerkt es unsere Tierärztin sofort, dass wir von den beiden wieder gründlich ausgetrickst worden waren. Und das machen die so: Der Hund schleicht sich immer mit in die Küche und verharrt regungslos und unbemerkt unterm Tisch, bereit, sich auf das Katzenfutter zu stürzen, wenn keiner hinguckt. Das weiß Mini, rümpft die Nase und lässt das ungeliebte Futter bequem vom Mops entsorgen, mehrfach täglich, bis die Schlechtschmeckdose leer ist und endlich was Leckeres in den Napf kommt.

Das ist der Moment, in dem der Mini den Hund liebt. Sonst mag er ihn nicht, und schon gar nicht, wenn der Hund das Futter klaut, das der Kater eigentlich selbst fressen wollte. Auch das kommt vor. Der übereifrige Hund tut seinerseits immer so, als wäre er nur zufällig vorbeigekommen, und glotzt mit seinen Glupschaugen fragend in die Runde, als hätte er mit alldem nichts zu tun. Die leichte Krisenstimmung in der Küche lässt uns jedoch ahnen, dass der Mops wieder einmal zu weit gegangen war. Wie viel er zu weit ging, sieht man an seinem aktuellen Bauchtönnchen.

Mini seinerseits frisst auf keinen Fall Hundefutter. Igitt, aber zu seinem Glück. Denn das würde die Futterunion auf einen Schlag beenden. Abgesehen davon lässt der Mops niemals Futter einfach so herumliegen. Er frisst und frisst. Wenn er schließlich die Zehnkilomarke erreicht hat, passt er, der Hund wohlgemerkt, nicht mehr durch die Katzenklappe. Dann kommt unweigerlich der Tag, an dem er mit lautem Gequieke, einem Schwein noch ähnlicher als sonst, halb drin, halb draußen feststeckt.

Was die Katzen wohl denken, die dabei interessiert zugucken und abwarten, wie das Drama endet? Ob Mini wohl ein bisschen Schuldgefühle hat? Wohl kaum, doch gibt's für ihn plötzlich immer wieder denselben Napf mit demselben Futter drin – unverändert, bis dass der Hunger es hineintreibt. Tag für Tag überwachen wir die Nahrungsaufnahme (oder Verweigerung), bis der Mops wieder schlank ist, und der Kater auch.

Ohne ein paar Katzenhaare …

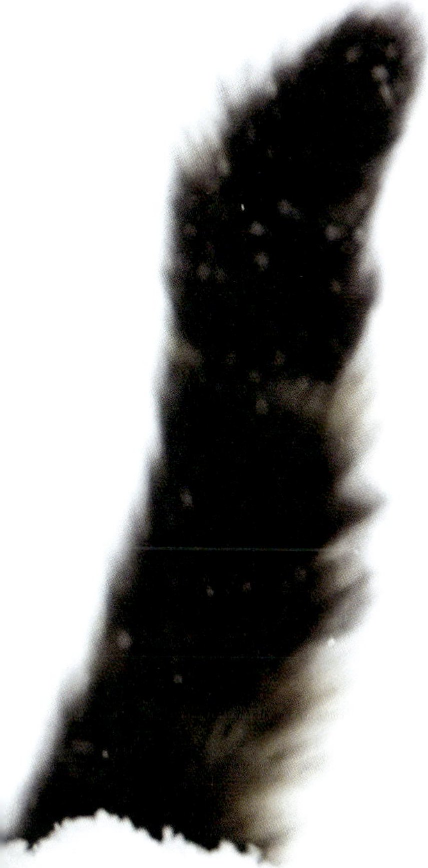

… ist man nicht

richtig angezogen.

Das Essen

Nimm die Pfoten weg

Mein ansonsten kluger Kater Salem wird besonders stumpfsinnig, wenn es ums Essen geht, und zwar um mein Essen, nicht um seins. Das kapiert er aber nicht und wir müssen die Eigentumsrechte immer wieder neu klären.

Das fängt schon in der Küche an: Während ich Hühnerfleisch klein schneide, sitzt Salem in Erwartungshaltung vor dem Napf, und wenn nichts eingefüllt wird, streckt er seine Pfoten zum Zweck der Selbstbedienung vom Boden bis zur Arbeitsplatte hoch. Erstaunlich, wie weit sich eine Katze in die Länge ziehen kann. Man muss gut aufpassen, dass ihre vorderen Angelhaken nichts erwischen. Die Hälfte vom Huhn verschwindet dann doch unerklärlicherweise, und die andere Hälfte reicht mir kaum, um satt zu werden. Ich koche trotzdem, schließlich habe ich Hunger.

Wenn ich mich zum Essen hinsetze, versperrt mir ein Katzenkopf die Sicht auf meinen Teller und ich fürchte, dass mir gleich Schlabbergeräusche den Appetit verderben. Der Kater fliegt vom Schoß runter. Ich rutsche mit dem Bauch an die Tischkante und schiebe meinen Teller weit weg vom Rand. Jetzt bohrt sich Salem - hinter mir auf dem Stuhl sitzend - über die Seite unter den Armen durch Richtung Tisch und ... fliegt wieder runter.

Ich merke, dass ich kein Besteck habe, klemme mir den Kater zur Sicherheitsverwahrung unter den Arm und hole mir eine Gabel. Zurück am Tisch merke ich, dass Salem probeweise schon mal die Gabel abschleckt. Also geh ich noch einmal in die Küche, um eine zweite Gabel zu holen. Zurück am Tisch möchte ich essen, merke aber, dass der Kater noch unter dem Arm klemmt und gerade versucht, diese Position wieder in Richtung Teller auszubauen.

Ich stehe auf und setze den Kater vor die Tür. Mein Essen ist nur noch lauwarm und mein Appetit drauf irgendwie weg. Ich könnte nur mit schlechtem Gewissen dem kleinen Hungerbolzen, der vor der Tür um Einlass kräht, sein Futter wegessen. Sein Futter. Er wusste es gleich, und so beschließe ich, für das nächste Mal direkt ein Petersiliensträußchen bereitzuhalten, um es dem Kater so zu servieren, wie man es vom Premiumfutter erwartet.

Nachdem wir also die Eigentumsrechte an meinem Essen geklärt haben, nehme ich mir als Ersatz etwas Thunfischsalat aus dem Kühlschrank. Da tastet sich eine Pfote meine Beine hoch ...

»Schon das kleinste Katzentier ist ein Meisterwerk.«

Leonardo da Vinci

Eine Katze
ist Poesie
auf vier Pfoten.

Die Recherche

Schleudern auf der Datenautobahn

Technische Neuerungen überrollen uns manchmal geradezu - und Katzen auch, wenn man an die Erfindung von Autos denkt. Aber Katzen haben sich nicht Jahrtausende an der Seite der Menschen durch alle Höhen und Tiefen hindurchgewurstelt, um sich jetzt von plumper Technik plattmachen zu lassen. Längst schon befinden wir uns samt Katzen auf der Datenautobahn.

Das Stichwort „Katze" ergibt 30,5 Millionen Ergebnisse mit dem Zusatz „ungefähr". Geben Sie „Katzen" in der Mehrzahl ein, stehen Ihnen im Internet 28,2 Millionen Fundstellen zur Verfügung, die Google in 0,94 Sekunden gefunden und direkt so sortiert hat, dass man Regionales als Erstes findet. Wenn Sie „cat" eingeben, sind es ein paar Fundstellen mehr, nämlich 1840 Millionen, das Sechzigfache - gefunden in 0,45 Sekunden, also doppelt so schnell. Die Logik dahinter bleibt einem verborgen.

Aber ganz plötzlich kriecht die Neugierde in mir hoch, was wohl auf der einemilliardeachthundertvierzigmillionsten Fundstelle stehen mag. Kurz überschlag ich, wie viel Lebenszeit mir bleibt, wie lange mein Computer dahin braucht, und rechne aus, dass ich in viereinhalb Jahren Nonstop-Suche ankomme, sofern mich kein Stromausfall zum Neuanfang zwingt. Der eine oder andere hätte hier vielleicht eine persönliche Kosten-Nutzen-Rechnung eingefügt und hätte sich erst mal einen Kaffee geholt. Ich aber, getrieben von der Neugier, wer wohl den letzten Platz gemacht hat, beginne loszuklicken. Nach drei Minuten bin ich fertig. Dann kommt der Hinweis: „Damit du nur die relevantesten Ergebnisse erhältst, wurden

einige Einträge ausgelassen, die den 248 angezeigten Treffern sehr ähnlich sind. Du kannst bei Bedarf die Suche unter Einbeziehung der übersprungenen Ergebnisse wiederholen." Google duzt mich. Die gehen bei Google vermutlich davon aus, dass man als Erwachsener nicht bis zum letzten Eintrag durchklickt ...?

1.839.999.752 übersprungene Ergebnisse hätte ich spontan nicht als „einige" bezeichnet, aber ich lasse das grad noch so durchgehen. Ich gucke nach, was bei 248 zu sehen ist: ein Minivideo aus Frankreich, das eine Katze zeigt, die auf einem Gehsteig entlangläuft und gegen die geöffnete Glastür einer Bäckerei rennt. Eines dieser Schadenfreudevideos, wie sie Youtube überfluten, aber dieses war woanders zu sehen.

Und dann klicke ich gespannt die Suche an, die die übersprungenen Treffer mit anzeigt. Es folgen 600 Treffer, dann ist Ende. Der letzte Eintrag: ein Busunternehmen aus Amerika, das sich CAT nennt. Dafür hätte ich vier Jahre meines Lebens geopfert? Und wo sind die Millionen Seiten, die Google ankündigt? Jetzt erschließt sich mir die Bedeutung von „ungefähr". Wenn mich demnächst jemand fragen sollte, wie viele Katzen wir haben, sag ich: „Ungefähr eine Milliarde. Es wird Ihnen aber nur eine angezeigt unter Auslassung einer weiteren Geschwisterkatze, die der bereits angezeigten sehr ähnlich ist." Nun hoffe ich, dass Google mal anruft und mir diese Frage stellt. Aber ich seh es kommen: Wenn das wirklich passieren sollte, geht meine Tochter dran und sagt einfach nur: „Zwei", weil sie nicht weiß, wie man heutzutage so vielseitige Tiere wie Katzen korrekt zählt.

Die Katzenklappe 2

Zwei Minis im Lernmodus

Das Thema „Freilauf" war mit meinen beiden Katzen noch nie verhandelbar. So hatten auch die beiden Newcomer in unserem Haushalt durchgesetzt, zwei gegen eine, dass wieder eine Klappe in die Kellertür kommt. Denn die alte war kaputtgegangen und wir hatten das Loch mit einem Brett verschlossen. Auf der Suche nach der billigsten Möglichkeit habe ich dann eine der teureren gekauft, weil sie mit einem „Lernmodus für unkooperative Katzen" angepriesen wurde.

Lernmodus? Es war klar, dass ich daran nicht vorbeikonnte. Sehr gern würde ich die Erziehung von Salem und Fussel einer pädagogisch wertvollen Katzentür überlassen. Man braucht nur Katzen mit Mikrochip-Kennzeichnung und muss das mit dem Einbau hinbekommen, dann können die lieben Kleinen direkt ihren ersten Schultag genießen, im Freien, versteht sich.

Man drückt auf „Lernmodus", schubst die Katze durch, und schon haben alle was gelernt: Die Klappe weiß jetzt, welcher Katze sie sich öffnen soll, die bislang unkooperative Katze folgt plötzlich aufs Wort (nach draußen) und der Halter hat gelernt, sich auch mit kleinen erzieherischen Erfolgen zufriedenzugeben.

Das System bietet, rein theoretisch, bislang ungeahnte Möglichkeiten, die leider noch nicht erfunden worden sind, seufz! Schön wäre es doch, wenn um 21.55 Uhr die Katzenklappe tönt: „Achtung, Katzen der Familie L.: Wir schließen in fünf Minuten. Bitte begebt euch zum Eingang. Bitte stellt euch ordentlich an. Nicht drängeln. Immer nur eine Katze. Pfoten abwischen! Alles, was nicht Katze ist (Mäuse etc.), bitte draußen bleiben!" Das wäre ein Lernmodus, der mir gefallen würde.

Und ein bisschen weitergedacht, hätte ich auch nichts einzuwenden, wenn die Klappe noch einen Service-Modus hätte. Was könnte sie mir alles

abnehmen ...? Trotzdem wäre eine Klappe für „unkooperative" Katzen im Grunde nicht nötig gewesen: Gerade beim Freilauf sind Salem und Fussel nämlich besonders kooperativ. Beim Thema „Wir sitzen nicht auf dem Esstisch" ist ihre Lernbereitschaft dagegen nur wenig ausgeprägt

Die Maus!

Man fängt sie mit Speck

Stellen Sie sich vor, Sie bekommen eine neue Küche, und Geschirr und Vorräte stapeln sich in Kartons, großen Tüten und notdürftig zusammengeschobenen Schrankfragmenten im Esszimmer. Und dann kommt Ihre Katze und lässt eine Maus frei, die sofort in dem Chaos untertaucht.

Genau das passierte, als wir gerade ohnehin schon ungemütlich beim Frühstück saßen. Meine Tochter tauchte augenblicklich in den Sprich-mich-nicht-an-Modus, mein Mann in den Zwecklos-Modus und ich unter den Schrank. Salem schlief auf dem Sofa, Fussel guckte zu. Da ist sie! Und jetzt da! Die Köpfe drehten sich, ansonsten bewegten sich nur die Maus und ich. Irgendwann wechselte ich zu meinem Mann in den Zwecklos-Modus und zauberte eine Drahtfalle hervor. Was da schon alles drin gewesen war: Käse, Wurst, Salat, Obst, Ei, ohne jemals eine Maus anzulocken!

Also diskutierten wir erst einmal, was eine Maus in diesem Schlaraffenland von Müsli, Obst, Brot und Gewürzen veranlassen könnte, DA hineinzuschlüpfen. Mein Mann, stets sprichwortgewandt, meinte: „Mit Speck fängt man Mäuse!"

Das war wenigstens ein Vorschlag. Nachdem ich ein Stück Speck in die Falle hineingefummelt und diese auf dem Boden abgestellt hatte, wurde uns klar, worin der Fehler lag: Das Drahtgestell wurde sofort von zwei Katzen und einem Hund belagert. Wir guckten uns an. Leichte Zweifel beschlichen uns, ob das wirklich der richtige Weg zum Erfolg sein würde. Kaum zu erwarten, dass eine Maus vorbeispaziert käme mit: „Bitte, meine Katzen, werter Hund, lassen Sie mich durch, dies ist mein Speck!"

Ich schob die Falle unter den Schrank. Zwei Katzenköpfe verschwanden mit unter den Schrank. Die Endposition war schließlich hinter einem Wohnzimmerschrank, hinter den die anderen Tiere nicht

gelangen konnten. Wir waren so zufrieden über diesen schönen Platz für die Mausefalle, dass uns gar nicht auffiel, dass der Schrank gar nicht in dem Zimmer stand, in dem die Maus herumlief. Kleiner Schönheitsfehler, aber ansonsten die perfekte Stelle.

Sehr gespannt inspizierte ich am nächsten Morgen die Falle: leer, bis auf ein alterndes Stück Speck. Fussel saß auf einem Stuhl und guckte beharrlich auf eine undefinierbare Stelle. Nachdem ich dort alles hin und her geschoben hatte, kam ich dahinter, wo die Maus saß: im Karton bei den Töpfen. Also Balkontür auf, Karton rausgezerrt, und schon sprang die Maus in hohem Bogen heraus und rannte die Treppe hinunter in den Garten. Salem guckte diskret zur Seite.

Kommentar meiner Tochter dazu: „Ich glaube, Mama, die Mäuse sind gar nicht gern hier drinnen."

Ich war beeindruckt. Mitten im Abiturstress hatte sie eine solche Erkenntnis!

Der Tannenbaum

Ein Baum wie eine Festung

Als unsere beiden Katzen erst ein paar Monate alt und sehr abenteuerlustig waren, dachte ich, wir könnten nie wieder zu Weihnachten einen Christbaum aufstellen und wie gewohnt schmücken. Dann aber fand ich den perfekten Baum: Die pieksigste Fichte aller Zeiten, ein Bäumchen, das aussah wie eine dichte, gut gewachsene Fichte, die sich aber anfühlte wie ein Kaktus. Das mögen auch Katzen nicht, und so bleibt oben das Engelchen hängen, dem Salem an den Weihnachtstagen am liebsten das Hinunterfliegen zeigen würde. Aber er kann seinem Drang zu Höherem widerstehen, sobald er der Fichte zu nah kommt. Was sind schon seine achtzehn Krallen im Vergleich zu Hunderten von Nadeln?

Fussel übernimmt den Part des Bodenpersonals und kümmert sich intensiv um die alten Schachteln, die im Laufe des Heiligen Abends immer mehr werden, mit Bändeln und herrlich raschelndem Papier. Wir türmen es auf für die Katzen, die daran eine solche Freude haben, dass sie tatsächlich auch ein bisschen Weihnachten feiern, auf ihre Weise eben.

Unser Hund mag dagegen vor allem die kulinarische Seite. Und wenn er sein Geschenk ausgepackt hat, nämlich eine Papprolle mit Leckerchen drin, dann sucht er unter all den Schachteln die beiden Geschenke für die Katzen, auch jeweils eine Papprolle mit Leckerchen, und frisst die auch noch.

Die Feldstudie

Auf der Suche nach dem K-Punkt

Ich war auf der Suche nach dem K-Punkt, einer geheimnisvollen Stelle, an der meine Katzen kitzlig sein könnten. Mein Hund hat nämlich so eine kitzlige Stelle an der Seite, sozusagen einen „hunden Punkt". Da wollte ich wissen, ob auch Salem und Fussel etwas Ähnliches besitzen, und beschloss, es zu untersuchen.

Aber meine beiden kann man von Kopf bis Fuß (besonders da!) durchkitzeln. Sie liegen mit geschlossenen Augen leise schnurrend in meinem linken Arm und ignorieren meine rechtshändig durchgeführten wissenschaftlichen Versuche. Die beiden glauben vermutlich sogar, sie würden gerade besonders gründlich durchgeschmust. Die merken nicht einmal, dass sie Probanden in einem wissenschaftlichen Versuch sind! Alle beide nicht. Und so war mein Versuch auch so eine Art von Doppelblindstudie.

Auf jeden Fall aber habe ich die Kriterien für mein Experiment genau festgelegt: Eine Kitzligreaktion war immer dann anzunehmen, wenn das Tier zuckte, herumstrampelte oder zuhaute, sobald ich es an einer bestimmten Stelle gekitzelt habe.

Ergebnis: null Reaktion.

Ich erweiterte daraufhin meine Versuchsanordnung. Als positiv gewertet wurde im Sinne von kitzlig nun auch plötzliches Augenaufreißen unter Abwesenheit diverser Störquellen, etwa wenn es an der Katzenklappe rappelte. Das ist ein Geräusch, das Salem und Fussel sofort die Augen aufreißen lässt, vor allem wenn sie gerade beide da sind.

Ergebnis: null Reaktion.

Ich ging weiter ins Detail: Nur ein Auge öffnen, das würde mir schon genügen. Ich hätte gern zumindest einen flüchtigen strafenden Blick oder ein Blinzeln. Wenigstens als Anerkennungsreaktion für meine Bemühungen, wobei ich den Boden der Wissenschaftlichkeit hier etwas unter den Füßen verliere.

Ergebnis: Reaktion vorhanden! Aha!

Nun ging es ans Interpretieren dieser so sorgfältig empirisch ermittelten Daten. Ich würde es wissenschaftlich-vorsichtig so formulieren: Meine Versuchstiere (2) zeigen eine gewisse Indifferenz gegenüber taktiler Irritation. Erst bei Erweiterung der Studienanordnung lassen sich minimale Reaktionen feststellen, die sich zu einem leichten Blinzeln steigern können. Ein gewisses Trägheitsmoment der Probanden wurde bereits berücksichtigt.

Auch nichtwissenschaftlich konnte dieses Experiment bestätigt werden. In dem Fall würde man es so ausdrücken: Der Versuch, meine Katzen zu kitzeln, kostet DIE nur ein müdes Gähnen.

Wo immer sich eine
Katze niederlässt,
wird sich das Glück
einfinden.

Das Katzenbett

Ihr Schlaf ist mir heilig

Können Sie eine schlafende Katze aus dem Bett schmeißen, nur um die Decke gerade zu ziehen? Ich kann es nicht, denn den vernichtenden Blick halte ich nicht aus. Wie sie da sitzt: ein Häuflein Elend, eine gebrochene Katzenseele, die sich dann langsam und stumm leidend die Treppe hinabschleppt, um sich irgendwo (zum Sterben, wahlweise auch zum Weiterschlafen) hinzulegen.

Der Bannblick von vier Katzenaugen lähmt somit meinen morgendlichen Ordnungsdrang, der ohnehin nicht so stark ausgeprägt ist. Doch manchmal verfolgt mich hartnäckig auch der Gedanke an ein frisch bezogenes und sauberes Bett. Wenigstens mit der Widerhakenbürste die Laken zu enthaaren wäre schön, jedoch auch nicht möglich. Denn dort, wo die meisten Haare liegen, sind die Ex-Besitzer davon nicht weit und sorgen gerade für Nachschub. Allein der Versuch, sie hochzuheben, ist bei Fussel gefährlich und bei Salem sinnlos: Er sitzt schneller wieder oben, als ich ihn loslassen kann.

Und doch gibt es eine Lücke in der Belagerung: morgens um sechs Uhr. Wenn die, die in die Schule müssen, denen Futter geben, die gleich wieder weiterschlafen wollen, könnte die, die aufräumen möchte, dies tun, vorausgesetzt, sie wäre selbst schon richtig wach. Der katzenfreie Moment ist kaum lang genug, um sich ein Bild vom Zerwühlzustand des Betts zu machen, nicht aber, um blitzschnell die Laken gerade zu ziehen. Denn kaum, dass ich den Beschluss fasse und einen Bettzipfel in die Finger nehme, plumpst schon wieder eine Katze auf das Plumeau.

Ganz verknotet im Hier und Jetzt putzt sie sich dann so intensiv und in sich versunken, dass jeder Ruck an der Bettdecke sie körperlich und vermutlich auch seelisch aus dem Gleichgewicht bringen würde. Seelisch deshalb, weil sie eine solche Störung, verbunden mit einem Rausschmiss aus dem Schlafzimmer, nicht gewohnt ist. Auch im wachen Zustand nicht. Also zupfe ich vorsichtig hier am Kissen und dort zaghaft an der Bettdecke, um meine Katzen bei ihrer morgendlichen Siesta nicht zu stören. Noch ein Stückchen in diese Richtung und ein Fältchen in die andere gerade ziehen ... Dann sieht das Bett halbwegs ordentlich aus. Froh und stolz darauf, die Katze - oder alle beide - nicht vertrieben zu haben, ziehe ich mich zurück. Da hör ich es hinter mir: „Tapp, tapp, tapp" - Madame Fussel und Monsieur Salem haben beschlossen, ihr Lager zu verlassen. Nicht, dass ich mir jetzt vorkomme wie ein Idiot. Nein, das beschreibt es nicht wirklich.

Das »Tür-auf-Spiel«

Wer klopft an?

Das „Tür-auf-Spiel" kennen alle Katzenhalter. Nur geben bestimmt nicht alle zu, dass sie unterm Strich die Verlierer sind. Wie die Herbergsleute einst in Bethlehem tönen sie „Nein, nein, nein, ihr kommt nicht rein. Da geht nur fort, ihr kommt nicht rein!" - und stehen auf, um doch die Tür zum Schafzimmer etc. zu öffnen. Unsere Katzen spielten dieses Spiel perfekt. Das sah dann so aus: Lili und Mini hocken draußen vor der Balkontür und wollen rein. Wir sitzen drinnen und stochern lustlos in unserem Essen herum, gucken verstohlen zur Tür und versichern uns: Nein, wir machen nicht auf! Denn wir haben ja eine Katzenklappe. Dank schallgeschützter Türen miauen die beiden für uns unhörbar, trotzdem aber kommt der Befehl bei uns an. Der Appetit erreicht schnell seinen Nullpunkt, und irgendwann steht dann einer auf, murmelt so was wie „Muss mal Salz holen", öffnet rein zufällig die Balkontür und wir anderen tun erleichtert so, als hätten wir es nicht bemerkt.

Findet sich keiner, selten genug, sehe ich unsere Türsteher draußen lustlos herumhocken. Lili trollt sich irgendwann

(vermutlich zur Nachbarin), Mini kommt und geht und versucht es immer wieder. Die Möglichkeit, die Katzenklappe zu benutzen, hat er komplett vergessen. Er rennt ums Haus, maunzt vor der Eingangstür weiter und stimmt dann unter dem offenen Küchenfenster ein Hilfegeschrei an. Auch wenn er sonst nichts kann, DAS kann er.

Mein Herz blutet, der arme Kater, verlassen, ausgesperrt, vielleicht sogar einsam? Also laufe ich mitten beim Kochen durchs ganze Haus, um ihn einzulassen. Irgendwo in meinem Hinterkopf keimt die Idee auf, wir könnten eine Katzenklappe einbauen. Dann fällt mir ein, dass wir ja schon eine haben! Und das wissen die beiden sehr wohl.

Es gab sogar Situationen, in denen Lili und Mini ihre Extratür ganz besonders liebten, vor allem nachts und in der allergrößten Not (Hunger, Wolkenbruch, fremder Hund im Garten). Dann waren sie schneller durchs Loch hereingestürmt beziehungsweise wegen eines drohenden Tierarztbesuchs hinausgerannt, als ich auch nur zur Tür gehen konnte.

Eine schlafende Katze ist das Abbild perfekter Seligkeit.

Der Hausarrest

Wehe, sie wird eingesperrt!

„Zehn Tage Hausarrest!", verordnete unsere Tierärztin unserer Lili nach der Kastration. Das waren die kürzesten zehn Tage meines Lebens: Wir schafften genau 24 Stunden, dann entwischte die Frischoperierte nach draußen, um ihre Wut über die verschlossene Tür an einer Maus auszulassen. Und ich war ehrlich froh, sie, ihr Geschrei und ihren Terror los zu sein. Und ich war auch erleichtert, keine Maus zu sein.

Natürlich hatten wir alle ein schlechtes Gewissen wegen dieses einen Tages Hausarrests. Lili gegenüber, weil er so lang war. Unserer Tierärztin gegenüber, weil er so kurz war. Andererseits wagte es keiner, unseren vierbeinigen Flitzebogen erneut einzusperren. Lili verschwand verärgert und erleichtert mit einem bösen Blick auf uns zurück nach draußen. Hätte sie gewusst, was noch kommen sollte, sie wäre nicht wieder heimgekommen.

Denn ein schlimmes Ekzem an der Schwanzwurzel hieß für sie: „Drei Wochen Hausarrest oder Schwanz ab." So jedenfalls lautete die diagnostische Drohung unserer Tierärztin, die längst wusste, dass Lili lieber tot als eingesperrt sein würde. Immerhin hatte sie unsere Lili eine Nacht lang stationär aufnehmen müssen, wo unser Miezlein, entsetzt und hungrig, von der Welt verlassen und speziell von mir, wie gemein, vor sich hin schmollte, grollte und schrie und dann in Narkose versank. Ich hatte sie noch schreien hören: „Nehmt den Schwanz, aber lasst mich raus!" Ich jedoch hänge offenbar mehr an ihrem Schwanz als sie, obwohl der an ihr und nicht an mir festgewachsen ist. Um des Schwanzes willen riskierten wir also den Kampf mit Lili.

Mit einem Plastiktrichter am Hals nahm ich sie tags darauf wieder in Empfang und dachte mir noch: „Unter Narkose ist es ja kein Kunststück, ihr eine Halskrause aufzusetzen." Ohne Narkose ist das nahezu unmöglich – und vor allem: Eine Katze mit einem so dicken Hals und einem so schmalen Kopf schlüpft aus jeder Krause raus. Nach einer solchen Behandlung hatte Lili erst recht einen dicken Hals. Die Krause hielt also nicht, und so musste Lili schon deshalb drinnen bleiben.

Es war mir so ernst, dass die ganze Familie unter Drohung strammstehen musste. Die Wohnung glich einer Festung, in die man nur mit Losungswort gelangen konnte. Unser Losungswort hieß: Lili festhalten! Denn natürlich merkte Lili als Erste, dass einer auf die Tür zukam, und schoss wie der Blitz hinaus, nur um dann vor der geschlossenen Katzenklappe zu kapitulieren.

Lili ärgerte uns, wo sie konnte. Mitten in der Nacht, „scharr, scharr", stieg sie mit Bröseln und weicheren Substanzen an den Pfoten über die Bettdecke. Ich hätte in dem Moment lieber einen Schnupfen als eine Katze gehabt. Und auf ihre Zeichen der Zuneigung, die morgens als braune Spuren zu sehen waren, hätte ich auch verzichten können.

Im Wohnzimmer hat Lili dann Kilometer zurückgelegt: Zwischen Balkon- und Zimmertür flitzte sie ständig hin und her und musste frustriert zusehen, wie wir den Kater ein- und ausließen, während sie am Schlafittchen festgehalten wurde und mit den Beinchen strampeln konnte, ohne vorwärtszukommen, geschweige denn hinaus.

Wir haben eine ganze Woche, also sieben Tage, durchgehalten, wir – und Lili natürlich. Aber auch Mini, der erstaunlicherweise immer wieder reinkam, trotz der Frustwatschen von Lili. Ihr blieb als einziges Vergnügen, den Kater zu verprügeln, diesen unsolidarischen Freigänger, der ihr den Duft der großen weiten Welt in gemeiner und hinterlistiger Weise um die Nase ziehen ließ. Wir konnten ihr noch nicht einmal böse sein – jeder von uns hätte vermutlich einen Budenkoller bekommen.

Am ehesten hätte noch der faule, fette Kater den Hausarrest weggesteckt, doch der, ja DER hatte es in dieser Horrorwoche besonders wichtig, nach draußen zu kommen, zu den Miezen und Mäusen. Ich weiß nicht, wie Lili sich an ihm gerächt hat, aber es muss furchtbar gewesen sein. Ich kenn sie doch.

LOVE

Der Hochsprung

Zwei Öhrchen ganz oben

Mini war eines Abends aus dem Bettkasten ausgezogen. Dort hatte er sich immer vor den Nachbarkatzen versteckt, die ihn gelegentlich bis ins Haus hinein verfolgten. Sein Auszug aus dem Bettkasten war eine katzenweise Entscheidung, denn wir fürchteten auch selbst, dass das wacklige Bettgestell demnächst zusammenkrachen würde, und das vielleicht schneller, als er sein Versteck verlassen könnte. Tagelang sah ich ihn nicht und dachte schon, er stirbt dann doch lieber draußen im Kampf mit den Nachbarkatzen den Heldentod, als sich von einem Lattenrost unrühmlich platt machen zu lassen.

Da sah ich eines Morgens beim Aufwachen zwei Heldenöhrchen oben auf dem Schrank. Noch schläfrig dachte ich: „Ah, Mini, du meinst wohl, ich sehe dich nicht." Und plötzlich war ich hellwach. Wie in aller Welt war er denn da hinaufgekommen? Selbst ein so kleiner Kater kann doch keine Zwischenlandung auf einem kleinen Türknauf machen …

Tage später durfte ich es miterleben. Beobachten wäre die falsche Formulierung gewesen, so schnell, wie das ging! Gerade stand er noch auf dem Holzboden und im nächsten Moment saß er oben in über zwei Metern Höhe. Als hätte Captain Kirk „Beam it up, Scottie!" befohlen. Ich beäugte Mini ehrfurchtsvoll.

„Das hättet ihr sehen müssen!", erzählte ich aufgeregt meinen Kindern und tat so, als hätte ich tatsächlich etwas gesehen. Aber da wusste ich noch nicht, dass mich Minis Showdown noch viel mehr aufregen würde: von wegen eleganter Sprung aufs Bett und so weiter. Ich hörte eines Morgens ein hartes „Bum!" durch die Landung eines kleinen Katers auf dem harten Fußboden, gefolgt von eiligem „Trappel, trappel, trappel!" auf der Treppe und Schleudergeräuschen in der Flurkurve. Da hatte Mini sein Herrchen auf dem Weg zur Küche bereits überholt. Ich wunderte mich noch, dass ihm der harte Aufprall nichts ausgemacht hatte, als sich mir schon die nächste Frage aufdrängte: Was konnte so wichtig sein, dass er sich einfach vom Schrank plumpsen lässt, um keine Zeit zu verlieren? Sein Herrchen würde ihm das Futter schon nicht wegfressen. Oder wusste der Kleine mehr als ich?

Die Ruhe
in Perfektion
zeigt sich in einer
sitzenden Katze.

Die Katzophile

Hunde sind super, aber ...

„Ach, Sie mögen keine Katzen? Ah ja ..." So endet bei mir manches Gespräch mit jemandem, den ich noch nicht näher kennengelernt habe. Mein Interesse an dieser Person erlahmt vollkommen und ich frage mich sogleich, was mit der oder dem noch alles nicht stimmt. Und ich bin bestürzt darüber, dass ich das nicht gleich gemerkt habe.

Hobbypsychologisch gesehen ist es doch interessant, dass ich einen Katzenfreund fast auf der Stelle erkenne, während Katzenhasser sich perfekt als nette Menschen tarnen können, bis sie ihr wahres Gesicht zeigen. Es gibt echt Leute, die meinen, es genügt, nur Hunde zu lieben. Ohne dass sie es mitbekommen, öffnet sich in dem Moment unter ihnen eine Klappe und sie rutschen vor meinem geistigen Auge direkt in die Schublade „Brauchen wir nicht. Fort damit!". Dann werfe ich ihnen noch eine Leine und ein paar Hundeleckerchen hinterher (rein gedanklich) und denk mir in perfektionierter Grammatik: „Schön, Sie nicht näher kennengelernt gehabt zu haben ..."

In Wirklichkeit geht keine Klappe auf, sondern eher die meine zu. Und Hundeleckerchen wären mir auch zu schade. Hunde sind super, keine Frage! Aber eine Katze ist eben etwas anderes.

Die Haarpracht

Haare und Staubmäuse

Katzen müssen uns Menschen für bescheuert halten: Wir lieben ihr Fell, aber nur solange es angewachsen ist. Dann finden wir es wunderschön kuschelig, vergraben unsere Finger und unser Gesicht darin. Sobald genau dieses Fell ausfällt, schreien wir „Iiii, Katzenhaare!" und ekeln uns vor dem mit Katzenhaaren dekorierten Kopfkissen.

Erklär mal einer Katze, dass es einen großen Unterschied macht, ob das Fell angewachsen, also seidig, glänzend und von innen beheizt ist, oder ob es als ausgefallenes Haar die gemeine Tendenz hat, sich einen neuen Halter zu suchen, zum Beispiel meine Hose. Es hält sich auch mit größter Hartnäckigkeit genau dort fest, wo sich in Kürze der Besuch niederlassen soll, um dann flugs einen Ortswechsel zu beschließen. Man weiß ja, dass ein schwarzes Seidenkleid mit hübschem Po darin die Katzenhaare sofort alle mühelos an sich zieht, während zuvor die Bemühungen mit Staubsauger, Mikrofaser, Bürste, Fusselrolle, Fusselbürste, Ledertuch und nassem Schwamm nichts nützten ...

Finden die Katzenhaare partout keinen neuen Halt, dann rotten sie sich mit Staub zu Mäusen zusammen, um sich so lange hinter den Türen zu verstecken, bis endlich wieder Besuch da ist und man die Hausleute blamieren kann. Oder sehe ich vielleicht die Haarpracht allüberall nur an solchen sensiblen Tagen, während sie im normalen Alltag wie selbstverständlich zum Inventar gehören? Ich trau mich keinen anderen Katzenhalter danach zu fragen, denn dann müsste ich zugeben, dass wir Staubmäuse (auch das noch!) im Haus haben.

Meine Katzen sind von solchen Überlegungen oder Peinlichkeiten völlig unbeleckt, genau wie ihr Fell. Das fusselt gerade vor sich hin, als würde im nächsten Moment die Welt unter dauerhaften Sahara-Einfluss geraten und als gälte es noch schnell, überschüssigen Pelz loszuwerden.

Der Schreibtisch

Wer hat am PC gearbeitet?

Ich habe so eine Art Katzenvirus auf meinem Computer. Heute Morgen öffnete sich mit Word eine Datei, die ich vor Monaten abgespeichert und vergessen hatte. Ich habe keine Ahnung, wie die da hingekommen war. Mein Skype ging auch nicht mehr. Ich musste es komplett neu installieren. Vorgestern war der Firefox-Browser 150-mal geöffnet. Dabei war ich nur mal kurz draußen. Und da wundere ich mich, warum der Rechner so langsam ist!

Ich vermute eine vierpfötige Tastenkombination hinter meinen PC-Problemen, die in letzter Zeit gehäuft auftreten. Genau genommen seit ich zwei Katzenkinder habe, die sich mehr für meinen Schreibtisch interessieren als ich – besonders wenn sich rund um den Laptop viel unerledigte Arbeit auf-

Ein Hund sitzt neben dir, während du arbeitest. Eine Katze sitzt auf deiner Arbeit.

stapelt. Meine Katzenkinder erledigen das im Nu, im Gegensatz zu mir. Mit größter Unschuld zerfetzen sie meine Dokumente und haben auch noch Spaß dabei! Mich plagt schon das schlechte Gewissen, wenn ich eine der unbezahlten Rechnungen nur angucke.

Da fällt mein Blick auf mein Kuchenstückchen neben dem Mauspad. Es kommt mir verändert vor. Ich hatte doch die Buttercreme nicht selbst angeschleckt?? Den Kaffeelöffel finde ich unterm Schreibtisch, wo neuerdings Katzenstreubrösel mit undefiniertem Sauberkeitsstatus dafür sorgen, dass ich meine Schlappen anziehe, bevor ich aufstehe. Und mit Glück sind keine Brösel in den Schlappen.

Vorbei sind die Zeiten, als ich mal schnell vom Schreibtisch aufgesprungen war, um etwas zu erledigen. Jetzt braucht es Planung und Disziplin! Ich baue meinen Schreibtisch zur katzensicheren Festung aus: Keine offenen Wasserflaschen, keine halb leer getrunkenen Kaffeetassen, keine Tuben, Deckel, Stifte, Scheren oder gar wichtige Dokumente liegen oder stehen herum. Das Handyladekabel lädt ordentlich eingerollt nicht mehr zum Kauen ein und Spielzeug baumelt zur Ablenkung, aber nutzlos, von der Schreibtischreling. Von unten ist der Schreibtisch halt lange nicht so interessant wie von oben. Das immerhin kann ich verstehen.

Save the earth –
it's the only planet
with cats!

Katzen liegen
nicht faul rum.
Sie verschönern
den Raum.

Die Maus 2

Alles nur eine Frage der Einstellung

Ich würde gern mit einer Katze im Arm einschlafen, aber Salem und Fussel gönnen mir das nicht. Wenn ich ins Bett gehe, liegen die schon stundenlang da drin, sind inzwischen perfekt ausgeschlafen und denken jetzt wohl nur: „Hm, wird ungemütlich, gehen wir mal raus …"

Wenn ich dann aber tief schlafe, kommen sie wieder rein. Fussel voran, mit Maus im Maul, Salem hopst hinterher, freudig erregt über das sich selbst bewegende Spielzeug, das gleich auf dem Teppich zur allgemeinen Belustigung freigelassen wird.

Er geht irgendwie grundsätzlich gemütlicher an die Sache heran: „Ooch, `ne Maus! Na jaaa …" Ihm fehlt so ein bisschen der nötige Ernst und Eifer. Fussel ist einfach mehr bei der Sache: „Maus? Wo? Ja, ja, ja …" Zwischen beiden Einstellungen liegen etwa ein bis zwei schlaflose Stunden, in denen wir das Spiel spielen: „Maus? Raus! Alle! Noch eine …"

So war das im ersten Mäusemonat. Da bin ich noch leicht geschürzt mit Schlappen an den Füßen bei egal welchem Wetter um drei Uhr morgens mit einer Schachtel voll Maus durch die Straße getappelt, um ein passendes Entsorgungsgebüsch zu finden.

Im zweiten Mäusemonat habe ich die perfekte Schutzzone entdeckt: die braune Tonne! Was für uns eine Mülltonne ist, muss für die Maus ein Schlaraffenland sein. Katzen kommen nicht rein und drinnen ist Nahrung im Überfluss. Da gibt es Zweige zum Hochklettern und der Deckel muss nur einen kleinen Spalt offen bleiben, um die Flucht zu ermöglichen.

Dann aber, im dritten Mäusemonat, hat sich etwas komplett geändert: Meine weibliche „Maus? Wo?"-Einstellung ist plötzlich weg und ich beginne katerartig zu denken: „Ooch, `ne Maus ... na jaa ..." Leben und leben lassen oder eher: leben und schlafen lassen. Ich wache durch nächtliche Jagdszenen nur noch kurz auf oder gar nicht mehr. Und morgens trag ich den auf dem Teppich vergessenen Biomüll raus ... Nur: Für eine tote Maus hat die braune Tonne nicht mehr so diesen Stellenwert.

Insgesamt ist diese Entwicklung von Mäusemonat eins bis drei wenig befriedigend. Ich arbeite aber an der perfekten Lösung, zumindest gedanklich. Rein theoretisch habe ich die auch schon gefunden: Was ich bräuchte, ist eine Katzenklappe mit eingebautem Körperscanner, wie am Flughafen: Sobald der Scanner auch nur einen einzigen Knochen mehr entdeckt, als an einer Katze zu erwarten ist, sollte er die Klappe sperren.

Der Hypochonder

Mitleid erregen ist auch eine Kunst

Sein Gang sah aus wie der von John Wayne, nachdem ihm ein Bandit in den Oberschenkel geschossen hatte. Mit letzter Kraft schleppte er sich voran, um dem Schurken den Garaus zu machen. Und dann: Peng! Kratz! Verwirrung! Wer hatte gesiegt? Natürlich unser Held. Nur mit dem Unterschied, dass ihn keiner angeschossen hatte.

Denn Fauzi, unser Kriegsveteran, tat nur so, aber das wussten die anderen Kater rundum nicht. Sie gingen ihm immer wieder auf den Leim. Wenn er da so teil-invalide durchs Gras humpelte, konnte man ja auch glauben, dass es hier leichte Beute gab. Wer dachte schon, dass Fauzi gerade sein Rivalen-Anlockprogramm gestartet hatte? Es funktionierte immer und Fauzi schlug sie alle in die Flucht - mit seinen ach so lahmen Knochen. Und manchmal dachte ich, dass er die Mäuse auch irgendwie austrickste, sodass er die nicht fangen, sondern nur einsammeln musste. Vielleicht hatten die sich totgelacht und er fraß sie dann. Wer weiß?

Auch mit uns versuchte Fauzi es immer wieder. Kam das Hinkebein nach Hause, schielte er sehnsüchtig den Kratzbaum hinauf, aber keiner hob ihn hoch. Denn wir wussten ja, dass er aus dem Stand ganz locker in die obere Etage springen konnte, und zwar ohne Probleme. Nur hingucken durften wir nicht. Also musste er warten, bis wir uns dezent abgewandt hatten. Erst dann sprang er, und sicher war es ihm peinlich, wie heftig es rumpelte, wenn er seine Massen in der Schlafhöhle parkte. Wir aber wussten dann wenigstens, dass es vollbracht war, und wir wieder hingucken konnten.

Fauzi konnte es zu seinem Kummer trotzdem nicht immer vermeiden, dass wir ihm beim Springen zusahen. Dann war das Sofa plötzlich dreimal so hoch wie der Kratzbaum. Sonst war es andersherum. Vor Publikum musste sich der Herr Fußkrank also erst einmal innerlich sammeln, bevor er sich an die große Aufgabe wagte. Er ließ die Hinterbeine auf der Stelle treteln, machte einen langen Hals, um die Landestelle zu beäugen, guckte sich noch einmal um, ob sich nicht doch noch einer fand, der ihn hochhieven würde, und sprang dann so knapp, wie er nur konnte. Es erinnerte mich ein wenig an eine Albatros-Bruchlandung, nur dass der Kater von unten kam, der Vogel jedoch (entgegen dem äußeren Anschein) von oben landete.

Lag der Kater schon auf dem Sofa und hatte jemanden in die Küche gehen sehen, flitzte er wieselflink hinterher. Ich weiß nicht, was schöner war: sein John-Wayne-Gang oder dieses schnelle Getrippel, bei dem sein Bauchtönnchen in froher Erwartung auf weitere Überfüllung zu vibrieren anfing und gleichzeitig der Po hin und her wackelte. Es sah nicht krank aus, aber auch nicht gesund. Ich dachte, Laufen an sich ist einfach nicht seine Stärke. Und deshalb lockte er auch seine Rivalen in unseren Garten. Denn die hatten ja kein Problem mit dem Laufen – jedenfalls nicht vor der Begegnung mit unserem Fauzi.

Der Tierarztbesuch

Mit Sirenengeheul in die Praxis

Unsere Transportbox ist sehr speziell. Je schmächtiger die Katze darin, desto lauter der Ton, der herausschallt. Die kräftige Lili hörte sich darin eher kleinlaut an, unser Mini wie ein röhrender Hirsch mit Tendenz zur Sirene eines Passagierdampfers. Der Einschalter ist irgendwo drinnen, nur kein Mensch weiß wo.

Die Box scheint zusätzlich noch einen Bewegungsmelder zu besitzen. Sobald man sie anhebt oder im Auto zum Tierarzt schaukelt, geht die Sirene ebenfalls an. Wenn solche geheimen Kräfte lauthals schallen, macht das Autofahren keine rechte Freude, erst recht nicht die Ankunft in der Gemeinschaftspraxis.

Dort mit Sirenengeheul an der Empfangstheke zu stehen, eröffnet eine neue Erlebnisdimension sowie gleichzeitig einige Türen des angrenzenden langen Flurs: Ein paar neugierige Mitarbeiter gucken heraus, um zu sehen, was für ein Tier dieses Geräusch erzeugt. Mit Stirnrunzeln sehen sie nur einen kleinen, dröhnenden Katzenkorb und verschwinden wieder.

Der Korb wiederum wirkt wie ein Turbo-Vorlader, was uns ganz schnell drankommen lässt. Wenigstens das. Lieber aber würde ich warten, als mir die Nerven zersägen zu lassen. Die halbe Praxisbelegschaft drängt sich dann um unseren Korb und mich beiseite. Sie denken, ein wütender Löwe würde ihnen ins Gesicht springen, und formieren sich zu viert in Habtachtstellung, um ihn zu bändigen. Eine Helferin beginnt vorsichtig, den Mini herauszuschälen, der wegen einer Fleischwunde am Bein verbunden werden muss.

Plötzlich ist alles still. Mit dem Auftauchen des neugierigen kleinen Katzenkopfs ist das Röhren ausgegangen. „Halleluja, geschafft!", denk ich, denn ich weiß, was kommt: Unser Mini beginnt mit der jungen Tierärztin zu schmusen. Er liegt da, lässt sich die Wunde verbinden, kuschelt sich an die vielen Hände, während ich erfolglos die Box auf geheime Schalter hin untersuche. Es scheint auf einmal eine ganz normale Box zu sein und erzeugt keinerlei Sirenenton mehr bis nach Hause.

Drei Tage später stehen wir zum erneuten Verbinden wieder röhrend am Empfang. „Das ist doch DER kleine süße Kater", begrüßt die Dame uns trotz der Geräuschkulisse. In dem Moment stürmt ein schwarzer Labrador dicht an uns vorbei, nicht in Richtung Ausgang, sondern in Richtung Tierarzt, der gerade im Flur erscheint und den der Hund vor Wiedersehensfreude fast umwirft. Während ich das Frauchen ergebnislos ausfrage, wie sie das mit dem Hund hingekriegt hat, dass der sich hier freut statt zu jaulen, verstummt auch mein Katzenkorb irritiert. Und ich überlege, ob ich mir zum nächsten Termin den Hund nicht mal kurz vorher als Mini-Beruhigungsdroge ausleihen sollte ...

Der Nachbarkater

Begegnung der fremden Art

Seit Muck, der Kater meiner Nachbarin, meine Beine angefallen hat, haben wir uns nichts mehr zu sagen. Er geht mir aus dem Weg, und ich tu so, als würde ich ihn nicht sehen, was bei seiner figürlichen Erscheinung völlig unmöglich ist. Weiß-grau-getigert, kugelrund, zwei misstrauische Augen und Spindelbeinchen: Wie ein riesiges Eierbrikett auf chinesischen Essstäbchen sieht er aus. Allerdings gibt er Töne von sich, was ihn vom Stück Kohle deutlich unterscheidet.

Manchmal kommt er zu Besuch und seit Neuestem spricht er sogar mit mir: „Quiek", hör ich von unten herauf. „Quiek!" Ich sehe genau hin: Quiekt der Kater? Er guckt mir in die Augen, klappt den Mund auf, versucht einen Ton in seiner Kehle zu erzeugen. „Brrk!", ertönt es schnarrend, als seine Kinnlade wieder zuklappt. Ich beobachte fasziniert, wie der Kater vor sich hin redet, ohne dass man etwas hört, was an Katze erinnert. Ich fühle mich unbehaglich, weil ich es bin, die gemeint ist, und ich doch nicht kapiere, was er von mir will.

„Du bist doch in Ordnung, Muck?", frage ich vorsichtig. Jaja, er ist okay. Zur Überbrückung der Ratlosigkeit lästere ich mal wieder ein bisschen über seine Figur, die durchaus als schicksalhaft anzusehen ist. Denn der Kater hat, wie die Nachbarin immer wieder beteuert, diese geheimnisvolle Stoffwechselstörung, die aus „Er frisst gar nicht viel" und „Er bekommt doch fast nichts" trotzdem eine imposante Fettpolsterung macht. Muck schaut mich immer noch an, als warte er auf etwas.

Da fällt mir ein: Schwankend wie eine Dschunke im oberen Teil, trippelnd mit seinen Bauch-umschlingenden O-Beinen, die gerade noch den Füßchen Bodenkontakt ermöglichen, hatte er sich durch die Balkontür gezwängt. Und nun findet er das Sofa besetzt. Von mir. Und ich stehe auf, um zu sehen, wie er es schafft, da hinaufzukommen. Aber den Gefallen tut er mir nicht. Auch fette Kater haben ihren Stolz.

Wenn die Maus die Katze auslacht, ist bestimmt ein Loch in der Nähe.

Das Wasser

Tropfen für Tropfen ein Phänomen

Meine Kartenspielfreunde amüsieren sich mehr auf der Toilette als am Kartentisch. Wer mal schnell verschwindet, kommt so schnell nicht wieder, und man hört ihn im Toilettenraum bei laufendem Wasser herumkichern. „Hey? Alles okay da drinnen?" Zwei Köpfe erscheinen in der Tür: der vom Gast in bester Laune und der klitschnasse Kopf von unserem Kater. Ich weiß, was die zu zweit da drinnen getrieben haben, der Kater übertrumpft dort locker die kartenspieltechnisch relevanten Tiere wie Füchse, Schweine oder Rehe. Denn sobald ein Mensch in Richtung Gästetoilette aufsteht, saust Salem mit und springt ins Waschbecken. Er weiß, dass jeder den Wasserhahn aufdreht. Er ist fasziniert von Wasser.

Und nicht einmal die Dusche schreckt ihn! „Ihr Kater sitzt in der Dusche und guckt so erwartungsvoll", sagte neulich ein Handwerker zu mir. Ich scherzte: „Drehen Sie ihm ruhig das Wasser auf. Um die Zeit duscht er immer." Ich bin gewohnt, dass die Leute mich schräg angucken und einen Spaß nicht sofort verstehen, vor allem, wenn ich ihn nicht erkläre. Was soll ich auch sagen? Dass er ihm nicht weiter behilflich sein muss und auch die Shampooflasche nicht zu öffnen braucht, da der Kater keines benutzt? Das würde sein Weltbild höchstens ein bisschen geraderücken, aber seine Meinung über mich kaum beeinflussen.

Ich habe wohl sehr glaubwürdig geklungen, denn er drehte das Wasser an, volle Brause. Salem sprang überrascht davon. Ich hätte vielleicht erwähnen sollen, dass der Kater bestimmte Erwartungen an Temperatur und Wasserstrahl hat. Genau genommen sollte es nur tropfen, und das möglichst kalt. Denn er hatte mit dem Element Wasser noch etwas zu klären. Es war ihm unbegreiflich, wie dieses „ETWAS" aus einem Loch oben herauskommen kann, dann einfach so unten in einem anderen Loch verschwindet und er es nicht verhindern kann.

Jede Maus würde erzittern, wenn Salem ihr den Weg in ihr Zuhause abschneiden würde, und schon gar nicht würde sie es wagen, über seinen Rücken zu laufen. Diese Tropfen aber waren dreist, unerschrocken und zielstrebig und machten ihn einfach nass – da stand er, der arme Tropf, pudelnass im Waschbecken und ärgerte sich, watschte wie verrückt auf die Nachfolgetropfen von oben ein und guckte grimmig nach unten ins Ausguss-Nirwana. They never come back – noch nie kam einer von dort zurück –, auch so ein Punkt, der mit der Erfahrung eines Katers von Welt (Eigeneinschätzung, nehme ich an) nicht übereinstimmt. Normalerweise kann er ja warten, bis seine angepeilte Beute wieder rauskommt, hier aber nicht.

Irgendwann habe ich beschlossen, Salem zu verwirren, und habe den Stöpsel in den Ausguss gesteckt. Der Kater fand das gar nicht lustig. Jetzt verschwanden die Tropfen nicht mehr, dafür aber schlugen sie vereint zurück und krochen seine Beine hoch. Indigniert könnte man seinen Gesichtsausdruck nennen. Oder angewidert. Fasziniert aber trotzdem. Auf jeden Fall hat er bis heute nicht aufgegeben, selbst wenn das Wasser schneller läuft. Der harte Wasserstrahl trifft ihn dann wie das Lichtschwert der Jedi-Ritter: Das Gefühl ist furchtbar, aber wieder mal nichts zum Anfassen.

Nun aber hat Salem durch monatelanges Üben herausgefunden, wie er doch noch seine Katerehre retten kann: Er setzt sich unter den Hahn, sperrt sein Maul auf, und dann fallen ihm diese Tropfen direkt hinein. So einfach kann das sein. Keine Maus würde sich blindlings in seinen Rachen stürzen. Und irgendwie bin ich froh, dass wir nicht auch noch solche Experimente im Haus mit durchziehen müssen.

Nur Hunde haben Besitzer – Katzen haben Personal.

Die Katzenkinder

Viel Besuch mit Catering

Wenn man Katzenkinder hat, kommen plötzlich Leute zu Besuch, die man kaum noch kennt. Ihre Sehnsucht nach einem Wiedersehen ist so groß, dass es unmöglich noch drei Monate Zeit hat. Zufällig hat man sich im Internet entdeckt, und es sei ja auch schon Jahre her, dass man sich gesehen habe, und jetzt müsse es doch mal wieder sein … Ich rieche längst den Braten und frage nach, wann ich denn kommen soll. Eine längere WhatsApp-Pause zur Neuordnung der Katzenbesuchsstrategie entsteht. Ich warte gespannt, wie es weitergeht, und fühle mich wie ein Türsteher, der nur den eintreten lässt, der das Losungswort kennt.

„Aber wir wollten doch die Kätzchen sehen!" Das öffnet die Tür am einfachsten. In diesem undefinierten „Wir" schwingt zwar ganz deutlich etwas Bedrohliches mit, aber ich weiß ja, dass bei einem solchen Besuch zwei Katzenkinder locker 100 Stück Kuchen ersetzen können. Das ist der Besuch, der noch fünf Nachbarkinder dabeihat und der mit einer Handvoll Brekkies perfekt zufrieden ist und sonst nichts will, außer den Kätzchen, ist klar. Da verstehen wir endlich das Wort Catering.

Dann gibt es auch die Schlaumeier, die bei einer Ausrede bleiben. Denen sag ich schon mal: „Oh sorry, klappt nicht, ich habe soo viel Besuch wegen der Katzenbabys …" Aber die besten sind die, die einfach hereinschneien, obwohl sie absolut nicht zu meinen Freunden zählen. Nach einer Stunde gequälter Konversation in katzenfreier Umgebung kommt dann die Frage: „Habt ihr nicht wieder eine Katze?" Ich darauf: „Ja, sogar zwei. DIE sind süüüß! Aber die schlafen gerade …"

Manchmal muss man auch gemein sein dürfen. Doch ist dann die Enttäuschung besonders groß, bin ich ja nicht so. Erst recht nicht, wenn ein Kind dabei ist.

Die Katzenschar

Damals war alles noch anders

In meiner Kindheit hatten wir noch echte Kerzen am Christbaum. Die steckten meistens schief in wackligen Haltern, und wenn mal eine gerade stand, dann direkt unter einem trockenen, rieselnden Zweig, sodass man genau diese schön anzusehende Kerze nicht anzünden konnte, während ihre schrägen Kollegen den Boden volltropften und innerhalb von Minuten abgebrannt waren. Wer das Wort „kerzengerade" erfunden hat, der kannte so was wie unseren Christbaum bestimmt nicht. Die üblichen Christbaumkugeln bogen die Zweige einer ohnehin schon überfüllten Fichte weit nach unten. Die wiederum war an der Verandatür angebunden, weil der Baumständer wenig Halt bot. Denn wenn der verbogene Stamm fest im Ständer verschraubt war, stand der Baum schief. Rückte man ihn gerade, war es zu locker. Und an ein Weihnachten mit einem richtig schönen Christbaum kann ich mich gar nicht erinnern. Uns gefiel das aber so und unserer Katze beziehungsweise unseren Katzen auch, besonders das Lametta, das büschelweise dazwischen hing und die Katzen anlachte.

Wir hatten manchmal mehr Katzen, als meine Eltern wussten, teils weil ich im Keller den neuen Wurf versteckte, um meinen Vater nicht zu verärgern, teils weil die Katzen alle gleich aussahen: schwarz mit weißem Brustfleck, und man nie so genau wusste, welche vor einem saß, zumal auch die Nachbarkatzen so aussahen, und einige waren wohl nicht nur bei uns zu Hause ... Wenn meine Katze rollig war, dann saßen morgens an die zehn gleiche Kater vor der Haustür, und welcher der unsrige war, erkannte ich nur daran, dass einer von denen beim Öffnen der Tür ins Haus lief.

Es gab jedenfalls genügend Pfoten, die das Lametta wieder herunterangelten und im Wohnzimmer verteilten. Die Katzen hatten ihren Spaß und wir fanden nichts dabei. Meine Eltern waren wohl der Überzeugung, dass Katzen selbst ganz gut zwischen Futter und Spielzeug unterscheiden könnten,

solange es sich nicht um eine Maus handelt. Gelegentlich flog auch eines der zerbrechlichen Schmuckstücke vom Baum und landete neben einer unschuldig dreinguckenden Katzenschar klirrend auf dem Boden.

Feuerlöscher gab es nicht, nur einen Eimer mit Wasser. Den hat immer einer unter den Christbaum geschoben, weit nach hinten, genau genommen dorthin, wo man bestimmt nicht freiwillig hinlangt, wenn der Baum brennt. Trotz allem: Es ist nie irgendetwas Schlimmes passiert.

Müsste ich heute auf diese Weise Weihnachten feiern, würde ich wohl halb hysterisch den ganzen Abend mit einem Feuerlöscher unter dem Arm dasitzen und sofort mit meinen Löscharbeiten beginnen, würde auch nur einer „Am Weihnachtsbaume, die Lichter brennen" singen. Und riskiert eine Katze auch nur einen Blick aufs Lametta, dann könnte sie mal hören, was ein akuter Warnschrei von mir aus der „Stillen Nacht" machen kann!

Wenn ich heute so drüber nachdenke, lebten unsere Katzen damals mehr auf eigenes Risiko bei uns. Natürlich hing kein Schild an unserer Tür: „Betreten dieser Familie auf eigene Gefahr". Aber ein solches Schild wäre keine schlechte Idee gewesen ...

Impressum

Fotos & Illustrationen:
© shutterstock, © freepik.com
Einzelnachweise siehe downloads.christophorus-verlag.de

Produktmanagement: Maria Möllenkamp

Redaktion: Gertrud Döffinger

Umschlaggestaltung: Leeloo Molnár

Layout & Gestaltung: Silke Schüler

Repro: LUDWIG:media, Zell am See

Herstellung: Bettina Schippel, Stephanie Schlemmer

Printed in Slovenia by Florjancic

★★★★★

Sind Sie mit diesem Titel zufrieden? Dann würden wir uns über Ihre Weiterempfehlung freuen.
Erzählen Sie es im Freundeskreis, berichten Sie Ihrem Buchhändler oder bewerten Sie bei Onlinekauf. Und wenn Sie Kritik, Korrekturen, Aktualisierungen haben, freuen wir uns über Ihre Nachricht an:

Christophorus Verlag,
Postfach 40 02 09, 80702 München,
oder per E-Mail an lektorat@verlagshaus.de

www.christophorus-verlag.de

Unser komplettes Programm finden Sie unter:

Die Deutsche Nationalbibliothek verzeichnet diese Publikation in der Deutschen Nationalbibliografie; detaillierte bibliografische Daten sind im Internet über http://dnb.d-nb.de abrufbar.

ISBN 978-3-86517-156-6